My Notes

My Notes

My Notes

My Notes

My Notes

_____

My Notes

My Notes

My Notes

My Notes

My Notes

My Notes

My Notes

_____

My Notes

My Notes

My Notes

My Notes

My Notes

My Notes

My Notes

My Notes

My Notes

My Notes

My Notes

My Notes

My Notes

My Notes

My Notes

My Notes

My Notes

My Notes

My Notes

_____

My Notes

My Notes

My Notes

My Notes

_____

My Notes

My Notes

My Notes

My Notes

My Notes

_____

My Notes

My Notes

My Notes

My Notes

_____

My Notes

My Notes

My Notes

My Notes

My Notes

My Notes

My Notes

My Notes

My Notes

My Notes

My Notes

_____

My Notes

My Notes

My Notes

My Notes

_____

My Notes

My Notes

My Notes

My Notes

My Notes

My Notes

My Notes

My Notes

My Notes

My Notes

_____

My Notes

My Notes

My Notes

My Notes

My Notes

My Notes

My Notes

My Notes

My Notes

My Notes

_____

My Notes

My Notes

My Notes

My Notes

My Notes

My Notes

_____

My Notes

My Notes

My Notes

_____

My Notes

My Notes

My Notes

My Notes

My Notes

My Notes

My Notes

My Notes

My Notes

My Notes

My Notes

_____

My Notes

My Notes

_____

My Notes

My Notes

My Notes

My Notes

My Notes

My Notes

_____

My Notes

My Notes

My Notes

My Notes

My Notes

_____

My Notes

My Notes

My Notes

My Notes

My Notes

My Notes

My Notes

My Notes

_____

My Notes

My Notes

My Notes

My Notes

My Notes

My Notes

My Notes

My Notes

My Notes

My Notes

My Notes

My Notes

My Notes

My Notes

_____

My Notes

My Notes

My Notes

My Notes

My Notes

_____

My Notes

My Notes

My Notes

_____

My Notes

My Notes

My Notes

My Notes

My Notes